LIBRO RECOMENDADO

Jarosław Jankowski

¿Sabes quién eres?
Una guía por los 16 tipos de personalidad ID16™©

¿Por qué somos tan diferentes? ¿Por qué
asimilamos la información de forma distinta,
descansamos de otra manera, tomamos
decisiones de otra forma y organizamos
de manera diferente nuestra vida?

«¿Sabes quién eres?» te permitirá
comprenderte mejor a ti mismo y a los demás.
El test ID16 ™© incluido en el libro te ayudará
a determinar tu tipo de personalidad,
ofreciéndote una valiosa introspección.

Tu tipo de personalidad:

Consejero
(ENFJ)

Tu tipo de personalidad:
Consejero
(ENFJ)

JAROSŁAW JANKOWSKI

LOGOS MEDIA

Tu tipo de personalidad: Consejero (ENFJ)

Esta publicación puede ayudarte a utilizar mejor tu potencial, a crear relaciones saludables con otras personas y a tomar buenas decisiones en lo relativo a la educación y la carrera profesional. Sin embargo, en ningún caso debería ser tratada como un sustituto de una consulta psicológica o psiquiátrica especializada. El autor y el editor no asumen la responsabilidad por los eventuales daños resultantes de un uso indebido de este libro.

ID16™© es una tipología de la personalidad original. No se la debe confundir con las tipologías y los test de personalidad de otros autores o instituciones.

Título original: Twój typ osobowości: Doradca (ENFJ)

Traducción del idioma polaco: Ángel López Pombero, Lingua Lab, www.lingualab.pl

Redacción: Xavier Bordas Cornet, Lingua Lab, www.lingualab.pl

Redacción técnica: Zbigniew Szalbot

Editor: LOGOS MEDIA

ISBN (versión impresa): 978-83-7981-179-3

ISBN (EPUB): 978-83-7981-180-9

ISBN (MOBI): 978-83-7981-181-6

Índice

Prólogo

Tu tipo de personalidad: Consejero (ENFJ) es un extraordinario compendio de conocimiento acerca del *consejero*, uno de los 16 tipos de personalidad ID16™©.

Esta guía es parte de la serie ID16™©, formada por 16 libros dedicados a los diferentes tipos de personalidad. De forma exhaustiva y clara responden a las siguientes preguntas:

- ¿Qué piensan y sienten las personas que pertenecen a un determinado tipo de personalidad? ¿Cómo toman las decisiones? ¿Cómo solucionan los problemas? ¿De qué tienen miedo? ¿Qué les irrita?

- ¿Con qué tipos de personalidad se relacionan y cuáles evitan? ¿Qué tipo de amigos, cónyuges, padres son? ¿Cómo los ven los demás?

- ¿Qué predisposiciones profesionales tienen? ¿En qué entorno trabajan de manera más efectiva? ¿Qué profesiones se corresponden mejor con su tipo de personalidad?

- ¿En qué son buenos y en qué deben mejorar? ¿Cómo deben aprovechar su potencial y evitar las trampas?

- ¿Qué personas conocidas pertenecen a un determinado tipo de personalidad?

- ¿Qué sociedad muestra más rasgos característicos de un determinado tipo?

En este libro también encontrarás la información más importante sobre la tipología ID16$^{TM©}$.

Esperamos que te ayude a conocerte mejor a ti mismo y a los demás.

EDITORES

ID16™© entre las tipologías de personalidad de Jung

ID16™© pertenece a la familia de las denominadas tipologías de personalidad de Jung, que hacen referencia a la teoría de Carl Gustav Jung (1875 – 1961), psiquiatra y psicólogo suizo, uno de los principales representantes de la denominada psicología profunda.

Sobre la base de muchos años de estudio y observación, Jung llegó a la conclusión de que las diferencias en las actitudes y las preferencias de las personas no son casuales. Creó la división, bien conocida hoy en día, entre extrovertidos e introvertidos. Además, distinguió cuatro funciones de la personalidad, que forman dos pares de factores contrarios: percepción – intuición y pensamiento – sentimiento. Estableció también que en cada una de estas parejas domina una de las funciones. Jung llegó a la convicción de que las funciones dominantes de cada persona son permanentes e independientes de las condiciones externas y que su resultante es el tipo de personalidad.

En el año 1938 dos psiquiatras estadounidenses, Horace Gray y Joseph Wheelwright, crearon el primer test de personalidad basado en la teoría de Jung, que permitía determinar las funciones dominantes en las tres dimensiones descritas por él: **extroversión – introversión, percepción – intuición** y **pensamiento – sentimiento**. Este test se convirtió en una inspiración para otros investigadores. En el año 1942, también en suelo americano, Isabel Briggs Myers y Katharine Briggs comenzaron a emplear su propio test de personalidad, ampliando el clásico modelo tridimensional de Gray y Wheelwright con una cuarta dimensión: **juicio – percepción**. La mayoría de las tipologías y test de personalidad posteriores, referidos a la teoría de Jung, también toman en consideración esta cuarta dimensión.

Pertenecen a ellas, entre otros, la tipología americana publicada en el año 1978 por David W. Keirsey, así como el test de personalidad creado en Lituania en los años 70 del siglo XX por Aušra Augustinavičiūtė. En las décadas posteriores, investigadores de diferentes partes del mundo fueron tras sus huellas. Ellos crearon otras tipologías con cuatro dimensiones y varios test de personalidad adaptados a las condiciones y necesidades locales.

A este grupo pertenece la tipología de personalidad independiente ID16™©, desarrollada en Polonia por el pedagogo y mánager Jarosław Jankowski. Esta tipología, publicada en la primera década del siglo XXI, también se basa en la teoría clásica de Carl Jung. Al igual que otras tipologías de Jung contemporáneas, se inscribe en la corriente del análisis tetradimensional de la personalidad. En el marco de ID16™© estas dimensiones se llaman las **cuatro tendencias naturales**. Estas tendencias tienen un carácter dicotómico y su imagen proporciona información sobre el tipo de personalidad de la persona. El análisis de la primera tendencia tiene como objetivo determinar la **fuente de energía vital** dominante (el mundo exterior o el mundo interior). El análisis de la segunda tendencia determina la **forma dominante de asimilación de la información** (a través de los sentidos o a través de la intuición). El análisis de la tercera tendencia determina la **forma de toma de decisiones** dominante (según la razón o el corazón). El análisis de la cuarta tendencia determina, sin embargo, el **estilo de vida** dominante (organizado o espontáneo). La combinación de todas estas tendencias naturales da como resultado **16 posibles tipos de personalidad**.

La característica especial de la tipología ID16™© es su dimensión práctica. Esta describe los diferentes tipos de personalidad según se comportan en la acción: en el trabajo, en la vida diaria y en las relaciones con otras personas. No se concentra en la dinámica interna de la personalidad, ni tampoco intenta aclarar teóricamente procesos interiores e invisibles. Más bien se concentra en cómo un determinado tipo de personalidad se manifiesta al exterior y de qué forma influye sobre el entorno. Este acento en el aspecto social de la personalidad aproxima de cierto modo la tipología ID16™© a la tipología de Aušra Augustinavičiūtė anteriormente mencionada.

Cada uno de los 16 tipos de personalidad ID16™© es la resultante de las tendencias naturales de la persona. La inclusión en un determinado tipo no tiene, sin embargo, características evaluativas. Ningún tipo de personalidad es mejor o peor que los otros. Cada uno de los tipos es simplemente diferente y cada uno tiene sus puntos potencialmente fuertes y débiles. ID16™© permite identificar y describir estas diferencias. Ayuda a comprenderse a uno mismo y a descubrir nuestro lugar en el mundo.

Conocer el perfil propio de personalidad permite a las personas aprovechar en su totalidad su potencial y trabajar en las áreas que pueden causarles problemas. Este conocimiento constituye una ayuda inestimable en la vida diaria, en la solución de problemas, en la creación de relaciones sanas con otras personas y en la toma de decisiones acerca de la educación y la carrera profesional.

La determinación del tipo de personalidad no es un proceso de carácter arbitrario y mecánico. Cada persona, como «propietario y usuario de su personalidad» es plenamente competente para determinar a qué tipo pertenece. Su papel en este proceso es, por lo tanto, crucial. Esta autoidentificación puede realizarse analizando las descripciones de los 16 tipos de personalidad y estrechando gradualmente el campo de elección. Sin embargo, se puede elegir un camino más corto: utilizar el test de personalidad ID16™©. También en este caso, el «usuario de la personalidad» tiene un papel primordial, ya que el resultado del test depende exclusivamente de las respuestas del usuario.

La identificación del tipo de personalidad ayuda a conocerse a uno mismo y a los demás; no obstante, no debería ser tratada como una profecía que predestina el futuro. El tipo de personalidad nunca puede justificar nuestras debilidades o nuestras malas relaciones con otras personas (¡aunque puede ayudar a comprender sus motivos!).

En el marco de ID16™© el tipo de personalidad no es tratado como un estado estático, genéticamente determinado, sino como la resultante de características innatas y adquiridas. Este enfoque no quita importancia al libre albedrío, ni tampoco pretende clasificar a las personas. Abre ante nosotros nuevas perspectivas que nos animan a trabajar sobre nosotros mismos, ya su vez estas perspectivas nos muestran las áreas en las que este trabajo es más necesario.

Consejero (ENFJ)

La personalidad a grandes rasgos

Lema vital: *Mis amigos son mi mundo.*

Optimista, entusiasta y gracioso. Amable, sabe actuar con tacto. Tiene el extraordinario don de la empatía y disfruta actuando de forma desinteresada a favor de los demás. Es capaz de influir en sus vidas: inspira, descubre en ellos el potencial oculto que tienen y suscita confianza en sus propias fuerzas. Irradia ternura y atrae a las demás personas. A menudo las ayuda a resolver sus problemas personales.

Suele ser crédulo, aunque un poco ingenuo, y tiene tendencia a ver el mundo de color de rosa. Concentrado en los demás, a menudo se olvida de sus propias necesidades.

Tendencias naturales del *consejero*:

- Fuente de energía vital: mundo exterior.
- Asimilación de información: intuición.
- Toma de decisiones: corazón.
- Estilo de vida: organizado.

Tipos de personalidad similares:

- *Entusiasta*
- *Mentor*
- *Idealista*

Datos estadísticos:

- Los *consejeros* constituyen el 3-5% de la población.
- Entre los *consejeros* predominan claramente las mujeres (80%).
- El país que se corresponde con el perfil de *consejero* es Francia[1].

Código literal:

El código literal universal del *consejero* en las tipologías de personalidad de Jung es ENFJ.

Características generales

Los *consejeros* son enérgicos, ingeniosos y optimistas. Disfrutan ayudando a los demás e

---

[1] Esto no quiere decir que todos los habitantes de Francia pertenezcan a este tipo de personalidad, sino que la sociedad francesa, en su conjunto, tiene muchas características del *consejero*.

interpretan perfectamente sus sentimientos y emociones. Al observar a las personas, perciben en ellas cosas no visibles para los demás. Se caracterizan por su extraordinaria intuición y empatía, por ese motivo son capaces de animar a los demás, inspirarles y motivarlos a actuar.

Actitud ante los demás

Tienen un buen sentido de su propio valor, pero están dispuestos a renunciar a sus necesidades y adaptarse a las de los demás (si de esta forma pueden prestarles ayuda o el apoyo necesario). Sufren mucho con los problemas de familiares y amigos. A menudo están tan concentrados en los demás que les falta tiempo para reflexionar sobre su propia vida. A veces les resulta incluso difícil definir sus propios objetivos vitales o necesidades.

Los demás ven en ellos a unos perfectos profesores, mentores y confidentes. Valoran su ayuda en las situaciones difíciles, y les piden consejo. Los *consejeros* son a menudo consejeros profesionales (de ahí el nombre de este tipo de personalidad). Sin embargo, independientemente de la profesión que ejerzan, normalmente son consejeros, al menos para sus conocidos y familiares. A menudo los ayudan a resolver sus problemas personales. Las observaciones de los *consejeros*, que a ellos les parecen totalmente naturales y evidentes, suponen para otros una enorme inspiración y les ayudan a ver la situación de una forma totalmente nueva y original.

Los problemas de otras personas absorben una gran parte del tiempo y la energía de los *consejeros*. Sin embargo, ser conscientes de haber podido ayudar a alguien representa para ellos una enorme alegría. Normalmente se sienten responsables de los demás y no pueden permanecer indiferentes ante los problemas ajenos. A veces, se empeñan en arreglar la vida de los demás o incluso tratan de hacer por ellos cosas que ellos mismos deberían hacer.

Pensamientos y percepción

Los *consejeros* piensan a largo plazo, y raramente reflexionan sobre los fracasos del pasado. Piensan globalmente y a largo plazo. Para ellos, es una alegría no solo la realización de los planes, sino también el propio proceso de planificación y el empeño para lograr el objetivo. El futuro les excita más que el presente. Miran los problemas con una perspectiva amplia, percibiendo diferentes aspectos de las cuestiones de las que se ocupan. Son capaces de trabajar, actuando al mismo tiempo en varios frentes distintos.

Sueñan con un mundo mejor y creen en la posibilidad de cumplir ese sueño. La visión que tienen de su sueño les motiva a actuar y les da energías. Normalmente les gustan los cambios y los desafíos. Aceptan con entusiasmo (sin espíritu crítico) las ideas y ocurrencias innovadoras. A menudo les interesa la realidad espiritual. También les afectan los problemas sociales. Por lo general, son igualitarios. Suele ocurrir que subordinan la vida a alguna idea, y a continuación la realizan de forma casi fanática.

Brújula interior

En la vida se guían por los valores que profesan y desconfían de las decisiones tomadas únicamente sobre la base de argumentos lógicos y racionales. Cuando alguien ataca su escala de valores o se comporta de una forma que atenta contra sus convicciones son capaces de protestar enérgicamente (sorprendiendo a la gente de su entorno, ya que normalmente se apartan dejando el paso a los demás y evitan la confrontación). En casos extremos están dispuestos a luchar por defender lo que les parece razonable y justo. Sin embargo, no se trata de una lucha por sus propios derechos (que por lo general dejan en segundo lugar), sino una defensa de los principios y normas de comportamiento que son, en su opinión, incuestionables.

A los ojos de los demás

Los *consejeros* normalmente son queridos por todos y tienen un increíble atractivo, y saben atraer a la gente. Incluso las personas más conservadoras y frías raramente quedarán indiferentes ante su encanto, ternura, cordialidad e interés sincero. Son vistos por los demás como personas con las que siempre se puede contar. Sus consejos ayudan a los demás a ver los problemas de otra forma, y las conversaciones con ellos les motivan a actuar y les suscitan confianza en sus propias fuerzas. Sin embargo, a algunos el optimismo de los *consejeros* les parece sospechoso, mientras que ellos mismos pueden ser demasiado idealistas, entusiastas y alejados de la realidad (e incluso ingenuos y crédulos).

A su vez a los *consejeros* les irrita de los demás el escepticismo, el pesimismo crónico, el marasmo y la falta de confianza en la posibilidad de cambiar. No son capaces de entender a los que pasan indiferentes junto al sufrimiento ajeno y no prestan atención a los sentimientos de los demás. Una vida dedicada únicamente a satisfacer las propias necesidades les parece muy pobre y privada de valores. Tampoco comprenden a las personas que no dan importancia a que haya un ambiente armonioso y cordial, ni a las que buscan conscientemente la confrontación. Ellos mismos son muy sensibles a la crítica y evitan a toda costa los conflictos y las situaciones desagradables.

Comunicación

En los contactos interpersonales demuestran tener tacto y una sensibilidad extraordinarios Son unos excelentes diplomáticos y siempre saben qué decir en una determinada situación. Son capaces de influir en otras personas, de modelar su comportamiento e incluso — por el bien del asunto tratado — de manipularlos.

Normalmente son muy comunicativos y convincentes.

Prefieren la comunicación verbal y directa. Son conscientes de que las palabras tienen un enorme poder y son capaces de controlar lo que dicen. A veces meditan con antelación qué decir en una determinada situación e incluso imaginan la conversación que deben entablar. Suelen no temer miedo a aparecer en público, y son capaces de presentar sus puntos de vista de forma comprensible y clara. Hay una excepción, que son las situaciones en las que los valores que profesan no son compartidos por los demás, Entonces suelen no ser comprendidos.

Ante los conflictos

Para los *consejeros*, la clave para conseguir la satisfacción en la vida y en el trabajo radica en unas relaciones sanas con las personas. Cuando tienen constancia de un conflicto no resuelto en la familia o en el trabajo, esta carga les impide funcionar bien y no pueden concentrarse en sus obligaciones profesionales. Tampoco les gusta la soledad. Necesitan cariño, aceptación y cordialidad. Sin embargo, son capaces de llevar una vida feliz, incluso cuando sus necesidades no están satisfechas, pues lo que realmente les hace felices es darse a los demás.

Su umbral de tolerancia a la crítica es extraordinariamente bajo, y esto, junto a su tendencia a evitar cualquier situación desagradable, hace que ante un conflicto suelan rendirse, por lo que renuncian a luchar o aceptan unas condiciones desventajosas para ellos, solo para acabar con esa situación incómoda. Al actuar de esta forma, por desgracia, se exponen a tener experiencias similares — también incómodas — en el futuro.

Retos

Normalmente los *consejeros* llevan una vida activa y raramente tienen tiempo para descansar. En su tiempo libre, se implican a menudo en actividades sociales o simplemente ayudan a sus conocidos. Esto les proporciona una gran satisfacción, pero su baja asertividad y su incapacidad para decir «no» hacen que asuman demasiadas responsabilidades, por lo que suelen estar sobrecargados. Al querer reaccionar a todas las necesidades que aparecen, a menudo se distraen y no son capaces de concentrarse en aquello que es más importante.

Les gusta estar entre otras personas, aunque son muy sensibles y vulnerables. Su bajo nivel de tolerancia a la crítica hace que se tomen a pecho cada observación crítica, y que los comentarios negativos les afecten mucho. Además, no son capaces de aprovechar la ayuda de los demás. También soportan mal la soledad prolongada. Cuando están separados de la gente les invaden pensamientos negros y caen en la apatía.

Aspecto social de la personalidad

Los *consejeros* se sienten bien entre otras personas. Para ellos las relaciones sociales son una de las cosas más importantes de la vida. Ponen en ellas mucha energía y son extraordinariamente leales. En los contactos interpersonales valoran la aceptación, la sinceridad, la profundidad y la cordialidad. Perciben antes que los demás las emociones, los sentimientos y las necesidades de otras personas. También son extraordinariamente sensibles: soportan mal la frialdad, la indiferencia y la crítica.

Por lo general, son muy abiertos y amistosos. Saben expresar sus emociones y sentimientos y comparten de buen grado sus experiencias. Su actitud hacia las personas es muy positiva y entusiasta: creen en ellas y desean sinceramente que sean felices. Se identifican con ellas y viven sus alegrías y sus penas. A menudo experimentan — casi físicamente — el sufrimiento ajeno. La felicidad de los demás hace que, a su vez, ellos mismos se sientan felices.

Cuando están entre otras personas, les dedican totalmente su atención y raramente se dedican a jactarse de sí mismos, de sus logros o de sus puntos de vista (aunque si existe tal necesidad son capaces de verbalizarlos claramente).

Entre amigos

Los *consejeros* rebosan energía, optimismo y sentido del humor. Son queridos por todos y atraen a los demás. Siempre se puede contar con ellos. Son naturales, saben escuchar y se interesan sinceramente por la vida y los problemas de los demás. Todo esto hace de ellos unos candidatos casi ideales para ser amigos. Su aceptación, comprensión e interés sincero hacen que las personas, junto a ellos, se sientan más valiosas y mejores.

Los *consejeros* son unos amigos fieles y unos confidentes de confianza. Levantan el ánimo de sus amigos y les dan confianza en sus propias fuerzas. Perciben en ellos su potencial oculto y les hacen ver sus posibilidades y ayudar a los amigos es para ellos algo totalmente natural que les proporciona una gran alegría. Su actitud positiva hacia la gente hace que algunas veces no sean capaces de decir que no, y dejan que otros se aprovechen de ellos.

Por lo general, establecen relaciones sanas y amistosas con todas las personas, independientemente de su tipo de personalidad. Sin embargo, hacen amistad más frecuentemente con *entusiastas*, *mentores*, *defensores* y otros *consejeros*. Más raramente lo hacen con *pragmáticos*, *animadores* e *inspectores*.

En el matrimonio

Tratan el matrimonio como una unión para toda la vida. Ellos aportan a esta unión una gran carga de ternura, cariño, aceptación y sentido del humor. Ellos esperan lo mismo y sufren cuando sus parejas no les muestran amor y afecto. Sin embargo, normalmente no hacen de esto un gran problema, ya que pueden ser felices por el simple hecho de darse (así que parcialmente les llega la felicidad de los demás). Son fieles, leales y extraordinariamente entregados.

Ven en sus maridos/esposas lo que es mejor de ellos: los aceptan, los apoyan y más de una vez también los disculpan. En sus relaciones, sin embargo, a menudo se rompe el equilibrio entre dar y recibir. Los *consejeros* dan mucho más de lo que reciben. Al concentrarse en la felicidad de la otra persona raramente luchan por sus derechos y no verbalizan sus necesidades. En lugar de esto «evalúan» regularmente el estado de las relaciones mutuas y del estado emocional de sus maridos/esposas (por ejemplo, preguntando cómo se sienten), algo que para algunos puede ser molesto.

Un problema general de los *consejeros* es su bajo umbral de tolerancia a la crítica. Les hieren las observaciones rudas y los comentarios directos de sus parejas, que son menos sensibles. También evitan a toda costa los conflictos y las conversaciones desagradables. Normalmente prefieren sufrir antes que llamar la atención a alguien por un comportamiento inadecuado. También les cuesta renunciar a matrimonios destructivos, por lo que a menudo permanecen durante mucho tiempo en relaciones tóxicas. Ante los problemas matrimoniales están dispuestos a sacrificarse y trabajar duro para salvaguardar la relación. Cuando sus esfuerzos no dan resultados, tienen tendencia a culparse del fracaso. Cuando su matrimonio se acaba rompiendo, reflexionan sobre los errores cometidos. Sin embargo, normalmente si no hay otro remedio, lo asumen y aceptan la separación.

Los candidatos naturales a maridos/esposas de los *consejeros* son personas de tipos de personalidad afines: *entusiastas*, *mentores* o *idealistas*. En estos matrimonios es más fácil crear una comprensión mutua y unas relaciones armoniosas. Sin embargo, la experiencia muestra que las personas pueden crear relaciones exitosas y felices también a pesar de una evidente disconformidad tipológica.

Como padres

Los *consejeros* son unos padres responsables. Tratan con seriedad sus obligaciones con los hijos y son conscientes de la importancia de unas relaciones adecuadas con ellos. Intentan transmitirles los valores en los que ellos mismos creen y desean ser para ellos un buen ejemplo. Les muestran mucho cariño, cordialidad y solicitud. No escatiman con ellos elogios ni palabras de aliento. Aceptan a los hijos tal como son, y hacen que ellos lo sientan así. Sin embargo, son capaces de emplear la disciplina cuando es necesario. Les inculcan las normas y los principios de comportamiento, gracias a los cuales podrán vivir de manera ordenada. Desean que sus hijos vean la diferencia que hay entre un comportamiento apropiado y otro censurable, y que sean capaces de hacer las elecciones adecuadas. Los padres *consejeros* se preocupan para que a sus hijos no les falte nada y están continuamente presentes en sus vidas. Se ponen en su lugar y — en función de las necesidades — los consuelan, los animan, los motivan o les inspiran ideas. Siempre los acompañan en los momentos difíciles, y normalmente se dan cuenta de sus problemas.

Los *consejeros* son capaces de influir en el comportamiento de sus hijos. Normalmente usan esto para un buen fin (por ejemplo, refuerzan su autoestima), aunque a veces intentan manipularlos. También tienen tendencia a sustituir a los hijos, haciendo por ellos lo que éstos deberían hacer, con lo que les privan de la ocasión de experimentar y aprender de los errores. Los hijos mayores se quejan a veces de que los padres *consejeros* se inmiscuyen demasiado en sus vidas. Cansados de su sobreprotección y su excesivo — en su opinión — control, a veces envidian la libertad y la independencia de otros niños de su edad. Más tarde, desde la perspectiva del tiempo, suelen estar, sin embargo, muy agradecidos a sus padres por haberles rodeado de amor, haber sido para ellos un apoyo, y por haberles enseñado a distinguir el bien del mal.

Trabajo y carrera profesional

Los *consejeros* soportan muy bien los cambios, aprenden de buen grado cosas nuevas y les gustan los desafíos. Son capaces de implicarse con todo su corazón en la realización de los objetivos en los que creen. No tienen miedo a las tareas innovadoras ni a los proyectos pioneros. Sin embargo, les gusta el orden, la estructura, la buena organización y unas normas claras y sencillas. Es difícil despertar en ellos entusiasmo para trabajar en proyectos que están poco preparados o cuyos objetivos están definidos de forma poco clara. Prefieren las soluciones sencillas, por esa razón intentan simplificar los procedimientos complicados y reducir los sistemas complejos. Son buenos organizadores, les gusta actuar siguiendo un plan y tratan muy seriamente sus obligaciones. Al tomar una decisión no solo tienen en cuenta las premisas objetivas y los cálculos económicos, sino también el impacto de una determinada decisión sobre la vida de las personas. Por lo general, consideran que los cambios que afectan a los trabajadores deberían ser acordados con ellos o, al menos, consultados.

En equipo

Les satisface enormemente un trabajo que requiera contacto con otras personas. Trabajan de buen grado en empresas e instituciones cuya actividad tenga como objetivo solucionar los problemas de la gente o mejorar sus condiciones de vida. Encajan perfectamente en departamentos de atención al cliente y en consultorios o centros de asistencia social.

Manejan muy bien las tareas que requieren habilidades interpersonales. Cuando trabajan en equipo dan ayuda a los demás empleados (en este aspecto van bastante más allá de sus obligaciones laborales).

Son capaces de crear un ambiente cordial y amistoso, y de generar compromiso. Influyen positivamente sobre sus compañeros de trabajo: los motivan, los inspiran y les contagian optimismo y suscitan confianza en el éxito. No están a gusto en corporaciones deshumanizadas, en las que no se tienen en cuenta las emociones, los sentimientos ni las necesidades de los trabajadores, así como en instituciones en las que las personas desempeñan la función de «piñones de una máquina». Para ellos, son muy importantes las relaciones sinceras, naturales y directas con los demás compañeros de trabajo. No les gustan los entornos en los que los contactos entre el personal están formalizados y el intercambio de información tiene lugar únicamente en el marco de procedimientos rígidamente definidos. Les cuesta encontrarse a gusto en equipos dominados por empleados fríos y de pocas palabras. Tampoco les gustan las tareas que requieran muchas acciones rutinarias, seguir instrucciones detalladas ni procesar una gran cantidad de datos. Normalmente, se distraen con facilidad. Cuando en horas de trabajo alguien les pide un consejo, son capaces de olvidarse totalmente de la tarea que están realizando y entregarse totalmente a la conversación.

Superiores

Los *consejeros* valoran a los superiores que proceden según los principios que ellos mismos profesan, proporcionan a sus subordinados libertad en la realización de las tareas y respetan su estilo de trabajo individual. Cuando ellos mismos se convierten en superiores (cosa que ocurre con frecuencia), actúan de la misma forma. El trabajo en puestos de dirección significa normalmente para ellos un gran estrés, ya que deben hacer frente a situaciones desagradables (que por lo general prefieren evitar) y deben guiarse ante todo por el interés económico de la empresa, lo que no siempre es beneficioso para sus subordinados. Por este motivo, experimentan una gran incomodidad. Una posible fuente de problemas también puede resultar de su tendencia a tomar prematuramente ciertas decisiones.

Profesiones

El conocimiento del perfil de personalidad propio y de las preferencias naturales es una ayuda inestimable a la hora de elegir la carrera profesional óptima. La experiencia muestra que los *consejeros* pueden trabajar con éxito y sentirse realizados en diferentes campos, aunque su tipo de personalidad los predispone de forma natural para profesiones tales como:

- actor,
- agente de viajes,
- asistente social,
- científico,
- coach,
- consejero,
- consultor,
- diplomático,
- director,
- escritor,
- especialista en marketing,
- especialista en relaciones laborales,
- especialista en RRPP,
- fisioterapeuta,
- formador,
- mánager,
- médico,
- músico,
- policía,
- político,
- profesor,
- psicólogo,
- psiquiatra,
- redactor,
- reportero,
- representante comercial,
- sacerdote,
- sanitario.

Potenciales puntos fuertes y débiles

Los *consejeros*, al igual que otros tipos de personalidad, tienen potenciales puntos fuertes y débiles. Este potencial puede ser gestionado de diferentes formas. La felicidad personal y la realización profesional de los *consejeros* dependen de si aprovechan las oportunidades relacionadas con su tipo de personalidad y de si hacen frente a las amenazas que les acechan. He aquí un RESUMEN de estas oportunidades y amenazas:

Puntos fuertes potenciales

Los *consejeros* son enérgicos y optimistas. Son leales, fieles y concienzudos. Se puede confiar en ellos. Son responsables, ordenados y bien organizados. Piensan globalmente y a largo plazo. Miran los problemas con una perspectiva amplia, percibiendo diferentes aspectos de los problemas de los que se ocupan. Viven según los valores que profesan. Cuando la situación lo requiere son capaces de defenderlos, sin temer las consecuencias. Expresan abiertamente sus sentimientos y emociones. Son buenos oradores y pueden expresar sus ideas de forma clara y convincente. Sin embargo, no imponen sus puntos de vista a los demás y tampoco exponen su propia persona. Se ocupan de los demás, se interesan por ellos. No escatiman tiempo con ellos y están dispuestos a adaptarse a ellos y hacer frente a sus necesidades, si de esta forma pueden ayudarles a resolver sus problemas o cambiar su vida a mejor.

En los contactos interpersonales demuestran tener un tacto y una sensibilidad extraordinarios. Son unos excelentes diplomáticos. Tienen unas extraordinarias habilidades interpersonales y el enorme don de la empatía. Perciben las emociones y los sentimientos de otras personas. Son muy abiertos con los demás, se interesan sinceramente por sus problemas y les ayudan de buen grado. Tienen una intuición desarrollada y son muy observadores. Son capaces de «penetrar» en las demás personas y leer sus pensamientos, intenciones y motivos. También perciben rápidamente los problemas en las relaciones interpersonales. Tienen el don de la persuasión y son personas que buscan el consenso. Son capaces de edificar una comprensión mutua y de ayudar a encontrar soluciones que sean beneficiosas para todas las partes. Son brillantes, amables e ingeniosos.

Los *consejeros* son también unos excelentes oradores: tienen la poco común capacidad de escuchar a los demás. Son capaces de sacar lo mejor de ellos. Perciben en ellos el potencial y las posibilidades no advertidas por otros. Les inspiran a actuar, los motivan, los animan y hacen que la gente empiece a creer en sus propias fuerzas. También tienen el don natural de atraer a las personas: son amigos y compañeros de trabajo deseables. Su encanto, ternura, cordialidad y actitud natural de aceptación e interés sincero hacen que a los demás les guste estar en su compañía (se sienten apreciados y valiosos). También son líderes naturales: son capaces de arrastrar a la gente tras ellos y contagiarles su visión y confianza en el éxito.

Puntos débiles potenciales

Los *consejeros* se caracterizan por un optimismo y un idealismo extremos. Normalmente ven la realidad de color rosa y tienen tendencia a dejar al margen los fenómenos negativos, o no percibir las limitaciones y las amenazas. Normalmente sus ideas están apartadas de la realidad. Son propensos a subordinar toda su vida a la realización de una idea principal, lo que puede estrechar su mundo y limitar sus horizontes. Suelen ser críticos y recelosos ante las opiniones y puntos de vista que se apartan considerablemente de los suyos. También suelen tener tendencia a hacer por los demás las cosas que ellos mismos deberían hacer (y a veces también a manipular a las personas). Pueden llegar a ser sobreprotectores o dominantes.

Se manejan muy mal en situaciones de conflicto y tienen un nivel de tolerancia muy bajo a las críticas por parte de otras personas. A menudo prefieren acallar los problemas o el comportamiento indebido de alguien, a mantener una conversación difícil. Evitan a cualquier costa las situaciones desagradables, por eso pueden tener cierta tendencia a hacer concesiones prematuras y a rendirse rápidamente, renunciando a luchar por sus propios derechos. A menudo tienen problemas para acabar con las relaciones destructivas y tóxicas. No aprecian sus propios logros y rebajan su papel en los éxitos, también tienen tendencia a atribuirse la culpa por los fracasos. Además, pueden tener dificultades para adaptarse a las normas y las formas admitidas por la sociedad.

Por lo general, son poco flexibles y no se las arreglan del todo bien en situaciones que requieran improvisación. También les cuesta tomar decisiones a partir de premisas puramente racionales y lógicas, sin referirse al contexto social. A menudo, la conciencia de que una determinada decisión puede influir negativamente sobre la vida de otras personas les paraliza y hace que no sean capaces de valorar sobriamente la situación y emprender las acciones necesarias. Por el mismo motivo, también tienen a veces problemas para realizar evaluaciones objetivas. La sensibilidad a las opiniones y valoraciones de otras personas hace que les cueste funcionar en un entorno poco amistoso (y mucho más en uno hostil). Su tendencia al perfeccionismo pueden reducir la eficiencia de sus acciones (mejoran cosas que ya son suficientemente buenas). Normalmente dedican demasiado poco tiempo a reflexionar sobre su propia vida y sus prioridades. Al concentrarse en las necesidades de los demás, a menudo se olvidan de las propias.

Desarrollo personal

El desarrollo personal de los *consejeros* depende del grado en que utilizan su potencial natural y se sobreponen a los riesgos relacionados con su tipo de personalidad. Los siguientes consejos prácticos constituyen un decálogo característico del *consejero*.

Concéntrate

No puedes ayudar a todas las personas y solucionar todos los problemas. Concéntrate en lo que es más importante para ti, y no permitas que te distraigan asuntos de menor importancia. Al hacer esto, evitarás la frustración y lograrás hacer más cosas.

No tengas miedo a las críticas

No temas expresar tus opiniones críticas ni aceptar las críticas de otros. La crítica puede ser constructiva y no tiene por qué significar un ataque a las personas o un socavamiento de sus valores.

Piensa en ti

Considera cuáles son tus propias necesidades y encuentra tiempo para reflexionar sobre tu propia vida. No dejes que te utilicen y aprende a decir no. Si quieres ayudar eficazmente a otras personas, también tienes que preocuparte por ti mismo.

Deja de mejorar y empieza a actuar

En lugar de pensar en cómo mejorar lo que planeas hacer, simplemente hazlo. En caso contrario, pasarás el resto de tu vida perfeccionando tus planes. Es mejor hacer algo bueno (no necesariamente perfecto) que no hacer nada.

No temas los conflictos

Incluso en el círculo de las personas más próximas a veces se producen controversias. Sin embargo, los conflictos no necesariamente deben ser destructivos; ¡suelen ayudar a darse cuenta de los problemas y a solucionarlos! En las situaciones de conflicto no escondas la cabeza bajo la arena, sino que expresa abiertamente tu punto de vista y tus impresiones relacionadas con una determinada situación.

Sé más práctico

Tienes una tendencia natural a las propuestas idealistas, que suelen estar alejadas de la vida. Piensa en sus aspectos prácticos: en cómo realizarlas en el mundo real e imperfecto en el que vivimos.

Reconoce que puedes equivocarte

Nadie es infalible. Los demás pueden tener toda o parte de la razón, mientras que tú puedes estar equivocado en parte o totalmente. Acepta esto y aprende a reconocer los errores.

Pregunta

No supongas que el silencio de otras personas significa indiferencia u hostilidad. Si de verdad quieres saber lo que piensan, pregúntales.

No hagas por los demás lo que ellos mismos deberían hacer

Ayuda a las personas a descubrir su potencial y motívalos a actuar, pero deja que hagan lo que les corresponde. No puedes vivir por ellos, así que déjales encargarse de estos asuntos por ellos mismos, permíteles que actúen y aprendan de sus errores.

Descansa

Intenta alejarte a veces de las obligaciones y hacer algo por puro placer, relax o diversión. Esto te permitirá conseguir una mejor perspectiva y volver a tus tareas con la mente fresca.

Personas conocidas

La lista de personas conocidas que se corresponden con el perfil de *consejero* incluye, entre otros, los siguientes nombres:

- **Abraham Maslow** (1908 - 1970), psicólogo estadounidense, autor de la teoría de la jerarquía de las necesidades, uno de los más importantes representantes de la corriente de la psicología humanista y transpersonal;

- **Abraham Lincoln** (1809 - 1865), décimo sexto presidente de los Estados Unidos;
- **Ronald Reagan** (1911 - 2004), cuadragésimo presidente de los Estados Unidos;
- **François Mitterrand** (1916 - 1996), presidente de Francia (en los años 1981 - 1995);
- **Juan Pablo II**, realmente Karol Wojtyła (1920 - 2005), sacerdote polaco católico, arzobispo de Cracovia; cardenal, papa (1978 - 2005);
- **Sean Connery** (1930 - 2020), actor de cine escocés (entre otras películas, *El nombre de la rosa*), ganador de numerosos galardones prestigiosos;
- **Mijaíl Gorbachov** (1931 - 2022), político y reformador ruso, último dirigente del Partido Comunista de la Unión Soviética y único presidente de la URSS;
- **Tommy Lee Jones** (n. 1946), actor de cine estadounidense (entre otras películas, *Hombres de negro*);
- **Kirstie Alley**, realmente Gladys Leeman (1951 - 2022), actriz de cine estadounidense (entre otras películas, *Mira quién habla*);
- **Patrick Swayze** (1952 - 2009), actor de cine estadounidense (entre otras

películas, *Dirty Dancing*), bailarín, escritor y coreógrafo;

- **Tony Blair**, realmente Anthony Charles Lynton Blair (n. 1953), exdirigente del Partido Laborista y ex primer ministro del Reino Unido;
- **Barack Obama** (n. 1961), cuadragésimo cuarto presidente de los Estados Unidos;
- **Samuel Leroy Jackson** (n. 1948), actor estadounidense (*Parque jurásico*) y productor de cine;
- **Johnny Depp**, realmente John Christopher Depp II (n. 1963), actor de cine estadounidense (entre otras películas, *Piratas del Caribe*);
- **Ben Stiller** (n. 1965), actor de cine estadounidense (entre otras películas, *Los padres de él*), director y productor.

16 tipos de personalidad de forma breve

Administrador (ESTJ)

Lema vital: *¡Hagamos esa tarea!*

Trabajador, responsable y extraordinariamente leal. Enérgico y decidido. Valora el orden, la estabilidad, la seguridad y las reglas claras. Objetivo y concreto. Lógico, racional y práctico. Es capaz de asimilar una gran cantidad de información detallada.

Organizador perfecto. No tolera la ineficiencia, el despilfarro ni la pereza. Fiel a sus convicciones y directo en los contactos. Presenta sus puntos de vista de forma decidida y expresa abiertamente opiniones críticas, por lo que en ocasiones hiere inconscientemente a otras personas.

Tendencias naturales del *administrador*:

- Fuente de energía vital: mundo exterior.
- Asimilación de información: sentidos.
- Toma de decisiones: razón.
- Estilo de vida: organizado.

Tipos de personalidad similares:

- *Animador*
- *Inspector*
- *Pragmático*

Datos estadísticos:

- Los *administradores* constituyen el 10-13% de la sociedad.
- Entre los *administradores* predominan los hombres (60%).
- Un país que se corresponde con el perfil del *administrador* son los Estados Unidos[2].

Código literal:

El código literal universal del *administrador* en las tipologías de personalidad de Jung es ESTJ.

---

[2] Esto no quiere decir que todos los habitantes de los EE. UU. pertenezcan a este tipo de personalidad, sino que la sociedad estadounidense, en su conjunto, tiene muchas características del *administrador*.

Más:

Jarosław Jankowski
Tu tipo de personalidad: Administrador (ESTJ)

Animador (ESTP)

Lema vital: *¡Hagamos algo!*

Enérgico, activo y emprendedor. Le gusta la compañía de otros y sabe pasárselo bien y disfrutar del momento presente. Es espontáneo, flexible y suele estar abierto a los cambios.

Es entusiasta inspirador e iniciador, suele motivar a los demás a actuar. Lógico, racional y extraordinariamente pragmático. Realista. Le aburren las ideas abstractas y las reflexiones sobre el futuro. Procura solucionar los problemas concretos e inmediatos que se le presentan, pero a menudo también tiene dificultades con la organización y la planificación. Suele ser impulsivo. Suele ocurrir que primero actúa y luego piensa.

Tendencias naturales del *animador*:

- Fuente de energía vital: mundo exterior.
- Asimilación de información: sentidos.
- Toma de decisiones: razón.
- Estilo de vida: espontáneo.

Tipos de personalidad similares:

- *Administrador*
- *Pragmático*
- *Inspector*

Datos estadísticos:

- Los *animadores* constituyen el 6-10% de la sociedad.
- Entre los *animadores* predominan los hombres (60%).
- El país que se corresponde con el perfil de *animador* es Australia.

Código literal:

El código literal universal del *animador* en las tipologías de personalidad de Jung es ESTP.

Más:

Jarosław Jankowski
Tu tipo de personalidad: Animador (ESTP)

Artista (ISFP)

Lema vital: *¡Creemos algo!*

Sensible, creativo y original. Tiene un gran sentido de la estética y capacidades artísticas naturales. Independiente, se guía por su propia escala de valores y no cede ante la presión. Optimista y con una actitud positiva hacia la vida; es capaz de disfrutar del momento.

Disfruta ayudando a los demás. Le aburren las teorías abstractas; prefiere crear la realidad que hablar de ella. Sin embargo, le resulta más fácil empezar cosas nuevas que acabar las empezadas antes. Suele tener dificultades para expresar sus propios deseos y necesidades.

Tendencias naturales del *artista*:

- Fuente de energía vital: mundo interior.
- Asimilación de información: sentidos.
- Toma de decisiones: corazón.
- Estilo de vida: espontáneo.

Tipos de personalidad similares:

- *Protector*
- *Presentador*
- *Defensor*

Datos estadísticos:

- Los *artistas* constituyen el 6-9% de la población.
- Entre los *artistas* predominan las mujeres (60%).
- El país que se corresponde con el perfil de *artista* es China.

Código literal:

El código literal universal del *artista* en las tipologías de personalidad de Jung es ISFP.

Más:

Jarosław Jankowski
Tu tipo de personalidad: Artista (ISFP)

Consejero (ENFJ)

Lema vital: *Mis amigos son mi mundo.*

Optimista, entusiasta y gracioso. Amable, sabe actuar con tacto. Tiene el extraordinario don de la empatía y disfruta actuando de forma desinteresada a favor de los demás. Es capaz de influir en sus vidas: inspira, descubre en ellos el potencial oculto que tienen y suscita confianza en sus propias fuerzas. Irradia ternura y atrae a las demás personas. A menudo las ayuda a resolver sus problemas personales.

Suele ser crédulo, aunque un poco ingenuo, y tiene tendencia a ver el mundo de color de rosa. Concentrado en los demás, a menudo se olvida de sus propias necesidades.

Tendencias naturales del *consejero*:

- Fuente de energía vital: mundo exterior.
- Asimilación de información: intuición.
- Toma de decisiones: corazón.
- Estilo de vida: organizado.

Tipos de personalidad similares:

- *Entusiasta*
- *Mentor*
- *Idealista*

Datos estadísticos:

- Los *consejeros* constituyen el 3-5% de la población.
- Entre los *consejeros* predominan claramente las mujeres (80%).
- El país que se corresponde con el perfil de *consejero* es Francia.

Código literal:

El código literal universal del *consejero* en las tipologías de personalidad de Jung es ENFJ.

Más:

Jarosław Jankowski
Tu tipo de personalidad: Consejero (ENFJ)

Defensor (ESFJ)

Lema vital: *¿Cómo puedo ayudarte?*

Entusiasta, enérgico y bien organizado. Práctico, responsable, concienzudo. Cordial y extraordinariamente sociable.

Percibe los sentimientos humanos, las emociones y necesidades. Valora la armonía. Soporta mal la crítica y los conflictos. Es sensible a todas las manifestaciones de injusticia y protesta cuando ve que lastiman a otras personas. Se interesa sinceramente por los problemas de los demás y siente una verdadera alegría al ayudarlos. Al velar por sus necesidades a menudo desatiende las suyas propias. Tiene tendencia a hacer por los demás cosas que ellos mismos deberían hacer. Suele ser susceptible a la manipulación.

Tendencias naturales del *defensor*:

- Fuente de energía vital: mundo exterior.
- Asimilación de información: sentidos.
- Toma de decisiones: corazón.
- Estilo de vida: organizado.

Tipos de personalidad similares:

- Presentador
- Protector
- Artista

Datos estadísticos:

- Los *defensores* constituyen el 10-13% de la población.
- Entre los *defensores* predominan claramente las mujeres (70%).
- El país que se corresponde con el perfil de *defensor* es Canadá.

Código literal:

El código literal universal del *defensor* en las tipologías de personalidad de Jung es ESFJ.

Más:

Jarosław Jankowski
Tu tipo de personalidad: Defensor (ESFJ)

Director (ENTJ)

Lema vital: *Os diré lo que hay que hacer.*

Independiente, activo y decidido. Racional, lógico y creativo. Percibe un contexto más amplio de los problemas analizados y es capaz de prever las futuras consecuencias de las acciones humanas. Se caracteriza por el optimismo y un sensato sentido de su propio valor. Es capaz de transformar conceptos teóricos en planes de actuación concretos y prácticos.

Visionario, mentor y organizador. Tiene unas capacidades de liderazgo innatas. Su fuerte personalidad, su criticismo y su estilo directo a menudo intimidan a los demás y provocan problemas en sus relaciones interpersonales.

Tendencias naturales del *director*:

- Fuente de energía vital: mundo exterior.
- Asimilación de información: intuición.
- Toma de decisiones: razón.
- Estilo de vida: organizado.

Tipos de personalidad similares:

- *Innovador*
- *Estratega*
- *Lógico*

Datos estadísticos:

- Los *directores* constituyen el 2-5% de la población.

- Entre los *directores* predominan claramente los hombres (70%).
- El país que se corresponde con el perfil de *director* es Holanda.

Código literal:

El código literal universal del *director* en las tipologías de personalidad de Jung es ENTJ.

Más:

Jarosław Jankowski
Tu tipo de personalidad: Director (ENTJ)

Entusiasta (ENFP)

Lema vital: *¡Podemos hacerlo!*

Enérgico, entusiasta y optimista. Es capaz de disfrutar de la vida y piensa a largo plazo. Dinámico, ingenioso y creativo. Le gustan las personas y aprecia las relaciones sinceras y auténticas. Cálido, cordial y emocional. Soporta mal la crítica. Tiene el don de la empatía y percibe las necesidades, los sentimientos y los motivos de los demás. Los inspira y los contagia con su entusiasmo.

Le gusta estar en el centro de los acontecimientos. Es flexible y capaz de improvisar. Es propenso a tener ocurrencias idealistas. Se distrae con facilidad y tiene problemas para llevar los asuntos hasta el final.

Tendencias naturales del *entusiasta*:

- Fuente de energía vital: mundo exterior.
- Asimilación de información: intuición.
- Toma de decisiones: corazón.
- Estilo de vida: espontáneo.

Tipos de personalidad similares:

- *Consejero*
- *Idealista*
- *Mentor*

Datos estadísticos:

- Los *entusiastas* constituyen el 5-8% de la población.
- Entre los *entusiastas* predominan las mujeres (60%).
- El país que se corresponde con el perfil de *entusiasta* es Italia.

Código literal:

El código literal universal del *entusiasta* en las tipologías de personalidad de Jung es ENFP.

Más:

Jarosław Jankowski
Tu tipo de personalidad: Entusiasta (ENFP)

Estratega (INTJ)

Lema vital: *Esto puede perfeccionarse.*

Independiente, marcado individualismo, con una enorme cantidad de energía interna. Creativo e ingenioso. Visto por los demás como competente y seguro de sí mismo y, a la vez, como distante y enigmático. Mira cada asunto desde una perspectiva amplia. Desea perfeccionar y ordenar el mundo que le rodea.

Bien organizado, responsable, crítico y exigente. Es difícil sacarlo de sus casillas, pero también es difícil satisfacerlo totalmente. Por lo general, tiene problemas para interpretar los sentimientos y emociones de otras personas.

Tendencias naturales del *estratega*:

- Fuente de energía vital: mundo interior.
- Asimilación de información: intuición.
- Toma de decisiones: razón.
- Estilo de vida: organizado.

Tipos de personalidad similares:

- *Lógico*
- *Director*
- *Innovador*

Datos estadísticos:

- Los *estrategas* constituyen el 1-2% de la población.

- Entre los *estrategas* predominan claramente los hombres (80%).
- El país que se corresponde con el perfil de *estratega* es Finlandia.

Código literal:

El código literal universal del *estratega* en las tipologías de personalidad de Jung es INTJ.

Más:

Jarosław Jankowski
Tu tipo de personalidad: Estratega (INTJ)

Idealista (INFP)

Lema vital: *Se puede vivir de otra manera.*

Sensible, leal, creativo. Desea vivir según los valores que profesa. Muestra interés por la realidad espiritual y ahonda en los secretos de la vida. Suele conmoverse por los problemas del mundo y está abierto a las necesidades de otras personas. Valora la armonía y el equilibrio.

Romántico: es capaz de demostrar amor, pero él mismo también necesita cariño y afecto. Interpreta perfectamente los motivos y sentimientos de otras personas. Crea relaciones sanas, profundas y duraderas. En situaciones de conflicto lo pasa mal, no sabe qué hacer. No resiste el estrés y la crítica.

Tendencias naturales del *idealista*:

- Fuente de energía vital: mundo interior.
- Asimilación de información: intuición.
- Toma de decisiones: corazón.
- Estilo de vida: espontáneo.

Tipos de personalidad similares:

- *Mentor*
- *Entusiasta*
- *Consejero*

Datos estadísticos:

- Los *idealistas* constituyen el 1-4% de la población.
- Entre los *idealistas* predominan las mujeres (60%).
- El país que se corresponde con el perfil de *idealista* es Tailandia.

Código literal:

El código literal universal del *idealista* en las tipologías de personalidad de Jung es INFP.

Más:

Jarosław Jankowski
Tu tipo de personalidad: Idealista (INFP)

Innovador (ENTP)

Lema vital: *Y si probamos a hacerlo de otra forma...*

Ingenioso, original e independiente. Optimista. Enérgico y emprendedor. Persona de acción: le gusta estar en el centro de los acontecimientos y resolver «problemas irresolubles». Tiene curiosidad por el mundo, y es propenso al riesgo y suele ser impaciente. Visionario, abierto a nuevas ideas y ocurrencias. Le gustan las nuevas experiencias y los experimentos. Percibe las relaciones entre acontecimientos concretos y piensa a largo plazo.

Espontáneo, comunicativo y seguro de sí mismo. Propenso a sobrevalorar sus propias posibilidades. Tiene problemas para llevar los asuntos hasta el final.

Tendencias naturales del *innovador*:

- Fuente de energía vital: mundo exterior.
- Asimilación de información: intuición.
- Toma de decisiones: razón.
- Estilo de vida: espontáneo.

Tipos de personalidad similares:

- *Director*
- *Lógico*
- *Estratega*

Datos estadísticos:

- Los *innovadores* constituyen el 3-5% de la población.
- Entre los *innovadores* predominan claramente los hombres (70%).
- El país que se corresponde con el perfil de *innovador* es Israel.

Código literal:

El código literal universal del *innovador* en las tipologías de personalidad de Jung es ENTP.

Más:

Jarosław Jankowski
Tu tipo de personalidad: Innovador (ENTP)

Inspector (ISTJ)

Lema vital: *Primero las obligaciones.*

Una persona con la que siempre se puede contar. Educado, puntual, cumplidor, concienzudo, responsable: «persona de confianza». Analítico, metódico, sistemático y lógico. Los otros lo ven como reservado, frío y serio. Aprecia la tranquilidad, la estabilidad y el orden. No le gustan los cambios. En cambio, le gustan los principios claros y las reglas concretas.

Trabajador y perseverante, es capaz de llevar los asuntos hasta el final. Perfeccionista. Quiere controlarlo todo. Parco en elogios. No aprecia el valor de los sentimientos y las emociones de otras personas.

Tendencias naturales del *inspector*:

- Fuente de energía vital: mundo interior.
- Asimilación de información: sentidos.
- Toma de decisiones: razón.
- Estilo de vida: organizado.

Tipos de personalidad similares:

- *Pragmático*
- *Administrador*
- *Animador*

Datos estadísticos:

- Los *inspectores* constituyen el 6-10% de la población.
- Entre los *inspectores* predominan los hombres (60%).
- El país que se corresponde con el perfil de *inspector* es Suiza.

Código literal:

El código literal universal del *inspector* en las tipologías de personalidad de Jung es ISTJ.

Más:

Jarosław Jankowski
Tu tipo de personalidad: Inspector (ISTJ)

Lógico (INTP)

Lema vital: *Lo más importante es conocer la verdad acerca del mundo.*

Original, ingenioso y creativo. Le gusta resolver problemas de índole teórica. Analítico, brillante y con una actitud entusiasta hacia las nuevas ideas. Es capaz de relacionar fenómenos concretos y deducir de ellos principios generales y teorías. Lógico, preciso e indagador. Percibe rápidamente los síntomas de incoherencia e inconsecuencia.

Independiente y escéptico ante las soluciones y autoridades establecidas. Tolerante y abierto a los nuevos retos. Se suele quedar absorto en sus reflexiones, a veces pierde el contacto con el mundo exterior.

Tendencias naturales del *lógico*:

- Fuente de energía vital: mundo interior.
- Asimilación de información: intuición.
- Toma de decisiones: razón.
- Estilo de vida: espontáneo.

Tipos de personalidad similares:

- *Estratega*
- *Innovador*
- *Director*

Datos estadísticos:

- Los *lógicos* constituyen el 2-3% de la población.
- Entre los *lógicos* predominan claramente los hombres (80%).
- El país que se corresponde con el perfil de *lógico* es la India.

Código literal:

El código literal universal del *lógico* en las tipologías de personalidad de Jung es INTP.

Más:

Jarosław Jankowski
Tu tipo de personalidad: Lógico (INTP)

Mentor (INFJ)

Lema vital: *¡El mundo puede ser mejor!*

Creativo, sensible, adelantado a su tiempo, capaz de ver las posibilidades que los demás no ven. Idealista y visionario orientado a la ayuda a las personas. Concienzudo, responsable y al mismo tiempo amable, solícito y amistoso. Se esfuerza por entender los mecanismos que rigen el mundo y trata de ver los problemas desde una perspectiva más amplia.

Excelente oyente y observador. Se caracteriza por una extraordinaria empatía, por su intuición y la confianza en las personas. Es capaz de interpretar los sentimientos y las emociones.

Soporta mal la crítica y las situaciones de conflicto. Puede parecer enigmático.

Tendencias naturales del *mentor:*

- Fuente de energía vital: mundo interior.
- Asimilación de información: intuición.
- Toma de decisiones: corazón.
- Estilo de vida: organizado.

Tipos de personalidad similares:

- *Idealista*
- *Consejero*
- *Entusiasta*

Datos estadísticos:

- Los *mentores* constituyen aproximadamente el 1% de la población y son el tipo de personalidad menos frecuente.
- Entre los *mentores* predominan claramente las mujeres (80%).
- El país que se corresponde con el perfil de *mentor* es Noruega.

Código literal:

El código literal universal del *mentor* en las tipologías de personalidad de Jung es INFJ.

Más:

Jarosław Jankowski
Tu tipo de personalidad: Mentor (INFJ)

Pragmático (ISTP)

Lema vital: *Los actos son más importantes que las palabras.*

Optimista, espontáneo y con una actitud positiva hacia la vida. Comedido e independiente. Fiel a sus propias convicciones y escéptico ante las normas y principios externos. Le aburren las teorías y las reflexiones sobre el futuro.

Prefiere actuar y solucionar problemas concretos y tangibles.

Se adapta bien a los nuevos lugares y situaciones. Le gustan los nuevos retos y el riesgo. Es capaz de mantener la sangre fría ante las amenazas y los peligros. Su taciturnidad y su extrema sobriedad a la hora de expresar opiniones hace que suela ser indescifrable para los demás.

Tendencias naturales del *pragmático*:

- Fuente de energía vital: mundo interior.
- Asimilación de información: sentidos.
- Toma de decisiones: razón.
- Estilo de vida: espontáneo.

Tipos de personalidad similares:

- *Inspector*
- *Animador*
- *Administrador*

Datos estadísticos:

- Los *pragmáticos* constituyen el 6-9% de la población.
- Entre los *pragmáticos* predominan los hombres (60%).
- El país que se corresponde con el perfil de *pragmático* es Singapur.

Código literal:

El código literal universal del *pragmático* en las tipologías de personalidad de Jung es ISTP.

Más:

Jarosław Jankowski
Tu tipo de personalidad: Pragmático (ISTP)

Presentador (ESFP)

Lema vital: *¡Hoy es el momento perfecto!*

Optimista, enérgico y abierto a las personas. Es capaz de disfrutar de la vida y pasarlo bien. Práctico y al mismo tiempo flexible y espontáneo. Le gustan los cambios y las nuevas experiencias. Soporta mal la soledad, el estancamiento y la rutina. Se siente bien estando en el centro de atención.

Tiene unas capacidades interpretativas naturales y es capaz de hablar de una forma que despierta el interés y el entusiasmo de los oyentes. Al concentrarse en el día de hoy, a veces pierde de vista los objetivos a largo plazo. Suele tener problemas a la hora de prever las consecuencias de sus actos.

Tendencias naturales del *presentador*:

- Fuente de energía vital: mundo exterior.
- Asimilación de información: sentidos.
- Toma de decisiones: corazón.
- Estilo de vida: espontáneo.

Tipos de personalidad similares:

- *Defensor*
- *Artista*
- *Protector*

Datos estadísticos:

- Los *presentadores* constituyen el 8 -13% de la población.
- Entre los *presentadores* predominan las mujeres (60%).
- El país que se corresponde con el perfil de *presentador* es Brasil.

Código literal:

El código literal universal del *presentador* en las tipologías de personalidad de Jung es ESFP.

Más:

Jarosław Jankowski
Tu tipo de personalidad: Presentador (ESFP)

Protector (ISFJ)

Lema vital: *Me importa tu felicidad.*

Sincero, tierno, modesto, digno de confianza y extraordinariamente leal. Pone en primer lugar a los demás: percibe sus necesidades y desea ayudarles. Práctico, bien organizado y responsable. Paciente, trabajador y perseverante: es capaz de llevar los asuntos hasta el final.

Observa y recuerda los detalles. Valora mucho la tranquilidad, la estabilidad y las relaciones amistosas con los demás. Es capaz de tender puentes entre las personas. Soporta mal los conflictos y la crítica. Tiene un fuerte sentido de la responsabilidad y siempre está dispuesto a ayudar. Los demás suelen aprovecharse de él.

Tendencias naturales del *protector*:

- Fuente de energía vital: mundo interior.
- Asimilación de información: sentidos.
- Toma de decisiones: corazón.
- Estilo de vida: organizado.

Tipos de personalidad similares:

- *Artista*
- *Defensor*
- *Presentador*

Datos estadísticos:

- Los *protectores* constituyen el 8-12% de la población.

- Entre los *protectores* predominan claramente las mujeres (70%).
- El país que se corresponde con el perfil de *protector* es Suecia.

Código literal:

El código literal universal del *protector* en las tipologías de personalidad de Jung es ISFJ.

Más:

Jarosław Jankowski
Tu tipo de personalidad: Protector (ISFJ)

Apéndice

Las cuatro tendencias naturales

1. Fuente de energía vital dominante

    o   MUNDO EXTERIOR
        Personas que obtienen energía del
        exterior, que necesitan actividad y
        contacto con los demás. Soportan
        mal la soledad prolongada.

    o   MUNDO INTERIOR
        Personas que obtienen energía del
        mundo interior, que necesitan
        silencio y soledad. Se sienten
        agotados cuando están mucho
        tiempo en medio de un grupo.

2. Forma dominante de asimilación de la información

- o SENTIDOS
  Personas que dependen de los cinco sentidos. Les convencen los hechos y las pruebas. Les gustan los métodos comprobados y las tareas prácticas y concretas. Son realistas y se basan en la experiencia.

- o INTUICIÓN
  Personas que dependen de un sexto sentido, que se guían por los presentimientos. Les gustan las soluciones innovadoras y los problemas de índole teórica. Se caracterizan por su enfoque creativo de las tareas y por su capacidad de previsión.

3. Forma de toma de decisiones dominante

- o RAZÓN
  Personas que se guían por la lógica y los principios objetivos. Críticos y directos a la hora de expresar sus opiniones.

- o CORAZÓN
  Personas que se guían por los sentimientos y los valores. Anhelan

la armonía y necesitan estar bien con los demás.

4. Estilo de vida dominante

- o ORGANIZADO
  Personas concienzudas y organizadas. Valoran el orden, son personas a quienes les gusta actuar según un plan.

- o ESPONTÁNEO
  Personas espontáneas, que valoran la libertad. Disfrutan del momento y se encuentran a gusto en situaciones nuevas.

Porcentaje orientativo de los diferentes tipos de personalidad en la población

Tipo de personalidad:	Porcentaje:
Administrador (ESTJ):	10 – 13%
Animador (ESTP):	6 – 10%
Artista (ISFP):	6 – 9%
Consejero (ENFJ):	3 – 5 %
Defensor (ESFJ):	10 – 13%
Director (ENTJ):	2 – 5%
Entusiasta (ENFP):	5 – 8%
Estratega (INTJ):	1 – 2%
Idealista (INFP):	1 – 4%
Innovador (ENTP):	3 – 5%
Inspector (ISTJ):	6 – 10%

Lógico (INTP):   2 – 3%
Mentor (INFJ):   aprox. 1%
Pragmático (ISTP):   6 – 9%
Presentador (ESFP):   8 – 13%
Protector (ISFJ):   8 – 12%

Porcentaje orientativo de mujeres y hombres entre las personas con un determinado tipo de personalidad

Tipo de personalidad:	Mujere/ hombres:
Administrador (ESTJ):	40% / 60%
Animador (ESTP):	40% / 60%
Artista (ISFP):	60% / 40%
Consejero (ENFJ):	80% / 20%
Defensor (ESFJ):	70% / 30%
Director (ENTJ):	30% / 70%
Entusiasta (ENFP):	60% / 40%
Estratega (INTJ):	20% / 80%
Idealista (INFP):	60% / 40%
Innovador (ENTP):	30% / 70%
Inspector (ISTJ):	40% / 60%
Lógico (INTP):	20% / 80%
Mentor (INFJ):	80% / 20%
Pragmático (ISTP):	40% / 60%
Presentador (ESFP):	60% / 40%
Protector (ISFJ):	70% / 30%

Bibliografía

- Arraj James, *Tracking the Elusive Human, Volume 2: An Advanced Guide to the Typological Worlds of C. G. Jung, W.H. Sheldon, Their Integration, and the Biochemical Typology of the Future*, Inner Growth Books, 1990.

- Arraj Tyra, Arraj James, *Tracking the Elusive Human, Volume 1: A Practical Guide to C.G. Jung's Psychological Types, W.H. Sheldon's Body and Temperament Types and Their Integration*, Inner Growth Books, 1988.

- Berens Linda V., Cooper Sue A., Ernst Linda K., Martin Charles R., Myers Steve, Nardi Dario, Pearman Roger R., Segal Marci, Smith Melissa A., *Quick Guide to the 16 Personality Types in Organizations: Understanding Personality Differences in the Workplace*, Telos Publications, 2002.

- Geier John G., Downey E. Dorothy, *Energetics of Personality*, Aristos Publishing House, 1989.

- Hunsaker Phillip L., Alessandra J. Anthony, *The Art of Managing People*, Simon and Schuster, 1986.

- Jung Carl Gustav, *Tipos psicológicos*, Trotta, 2013.

- Kise Jane A. G., Stark David, Krebs Hirsch Sandra, *LifeKeys: Discover Who You Are*, Bethany House, 2005.

- Kroeger Otto, Thuesen Janet, *Type Talk or How to Determine Your Personality Type and Change Your Life*, Delacorte Press, 1988.

- Lawrence Gordon, *Looking at Type and Learning Styles*, Center for Applications of Psychological Type, 1997.

- Lawrence Gordon, *People Types and Tiger Stripes*, Center for Applications of Psychological Type, 1993.

- Maddi Salvatore R., Personality Theories: *A Comparative Analysis*, Waveland, 2001.

- Martin Charles R., *Looking at Type: The Fundamentals Using Psychological Type To Understand and Appreciate Ourselves and Others*, Center for Applications of Psychological Type, 2001.

- Meier C.A., *Personality: The Individuation Process in the Light of C. G. Jung's Typology*, Daimon Verlag, 2007.

- Pearman Roger R., Albritton Sarah, *I'm Not Crazy, I'm Just Not You: The Real Meaning of the Sixteen Personality Types*, Davies-Black Publishing, 1997.

- Segal Marci, *Creativity and Personality Type: Tools for Understanding and Inspiring the Many Voices of Creativity*, Telos Publications, 2001.

- Sharp Daryl, *Personality Type: Jung's Model of Typology*, Inner City Books, 1987. Spoto Angelo, Jung's Typology in Perspective, Chiron Publications, 1995.

- Tannen Deborah, *Tú no me entiendes*, Círculo de lectores, 1992.

- Thomas Jay C., Segal Daniel L., *Comprehensive Handbook of Personality and Psychopathology*, Personality and Everyday Functioning, Wiley, 2005.

- Thomson Lenore, *Personality Type: An Owner's Manual*, Shambhala, 1998.

- Tieger Paul D., Barron-Tieger Barbara, *Just Your Type: Create the Relationship You've Always Wanted Using the Secrets of Personality Type*, Little, Brown and Company, 2000.

- Von Franz Marie-Louise, Hillman James, *Lectures on Jung's Typology*, Continuum International Publishing Group, 1971.